Minuscules Romaines.

a b c d e f g
h i j k l m n
o p q r s t u
v w x y z

Majuscules italiques.

A B C D E F G H I J
K L M N O P Q R S
T U V W X Y Z.

Minuscules italiques.

*a b c d e f g h i j k l m
n o p q r s t u v w x y z.*

Lettres doubles.

ff fi ffi fl ffl æ œ w.

Il y a dix-neuf Consonnes.

b c d f g h j k l m n p
q r s t v x z.

Il y a six Voyelles simples.

a e i o u y.

Voyelles composées.

æ œ ie au eu ou eau.

Voyelles nasales.

an on en am em om aim

Voyelles diphtongues et triphtonges.

ai aiu ieu iu iou oi oy oui

Les Voyelles accentuées sont :

Aiguës. . . . . é
Graves. . . . . à è ù
Circonflexes. . . . . â ê î ô û
Tréma. . . . . ë ï ü

Ponctuations.

. , ; : ! ?

Apostrophe	'	Trait d'union	-
Interlocutif	—	Guillemet	»
Parenthèse	( )	Paragraphe	§
Astérisque	*	Crochet	[ ]

Chiffres.

1, 2, 3, 4, 5, 6, 7, 8, 9, 0.

Syllabes de deux lettres.

ba   be   bi   bo   bu
ca   ce   ci   co   cu

da	de	di	do	du
fa	fe	fi	fo	fu
ga	ge	gi	go	gu
ha	he	hi	ho	hu
ja	je	ji	jo	ju
ka	ke	ki	ko	ku
la	le	li	lo	lu
ma	me	mi	mo	mu
na	ne	ni	no	nu
pa	pe	pi	po	pu
ra	re	ri	ro	ru
sa	se	si	so	su
ta	te	ti	to	tu
va	ve	vi	vo	vu
xa	xe	xi	xo	xu
ya	ye	yi	yo	yu
za	ze	zi	zo	zu

Sons formés d'une Voyelle et d'une Consonne.

ab	eb	ib	ob	ub
ac	ec	ic	oc	uc
ad	ed	id	od	ud
af	ef	if	of	uf
al	el	il	ol	ul
am	em	im	om	um
an	en	in	on	un
ar	er	ir	or	ur
as	es	is	os	us
at	et	it	ot	ut
av	ev	iv	ov	uv
az	ez	iz	oz	uz

Syllabes de trois lettres.

bla	ble	bli	blo	blu
bra	bre	bri	bro	bru
cha	che	chi	cho	chu

cla	cle	cli	clo	clu
cra	cre	cri	cro	cru
dra	dre	dri	dro	dru
fla	fle	fli	flo	flu
fra	fre	fri	fro	fru
gla	gle	gli	glo	glu
gna	gne	gni	gno	gnu
gra	gre	gri	gro	gru
pha	phe	phi	pho	phu
pla	ple	pli	plo	plu
pra	pre	pri	pro	pru
qua	que	qui	quo	quu
rha	rhe	rhi	rho	rhu
sça	sce	sci	sço	sçu
sca			sco	scu
spa	spe	spi	spo	spu
sta	ste	sti	sto	stu

tha	the	thi	tho	thu
tra	tre	tri	tro	tru
vra	vre	vri	vro	vru

PRIÈRES.

L'Oraison dominicale.

No-tre Pè-re, qui ê-tes aux ci-eux, que vo-tre nom soit sanc-ti-fi-é, que vo-tre rè-gne ar-ri-ve, que vo-tre vo-lon-té soit fai-te sur la ter-re com-me dans le Ci-el ; don-nez-nous au-jour-d'hui no-tre pain quo-ti-dien, par-don-nez-nous nos of-fen-ses, com-me nous les par-don-nons à ceux qui nous ont of-fen-sés, et ne nous lai-sez pas suc-com-ber à la ten-ta-tion; mais, Sei-gneur, dé-li-vrez-nous du mal. *Ain-si soit-il.*

La Salutation Angélique.

Je vous sa-lue, Ma-rie, plei-ne de grâ-ce, le Sei-gneur est a-vec vous; vous ê-tes bé-nie en-tre tou-tes les fem-mes, et Jé-sus, le fruit de vos en-trail-les, est bé-ni. Sain-te Ma-rie, mè-re de Di-eu, pri-ez pour nous, pau-vres pé-cheurs, main-te-nant et à l'heu-re de no-tre mort. *Ain-si soit-il.*

Le Symbole des Apôtres.

Je crois en Dieu, le Père Tout-Puissant, créa-teur du ciel et de la terre; en Jésus-Christ, son fils unique, Notre Seigneur, qui a été conçu du Saint-Esprit, qui est né de la Vierge Marie, qui a souffert sous Ponce-Pilate, qui a été crucifié, qui est mort, qui a été enseveli, qui est descendu aux enfers, qui est ressuscité le troisième jour d'entre les morts, qui est monté aux cieux, qui est assis à la droite de Dieu, le Père Tout-Puissant, et qui de là viendra juger les vivants et les morts.

Je crois au Saint-Esprit, à la sainte Église catholique, à la communion des Saints, à la rémission des péchés, à la résurrection de la chair, à la vie éternelle. *Ainsi soit-il.*

Le Confiteor.

Je confesse à Dieu Tout-Puissant, à la bienheureuse Marie, toujours Vierge, à saint Michel Archange, à saint Jean-Baptiste, aux saints apôtres Pierre et Paul, à tous les saints, et à vous, mon père, que j'ai beaucoup péché, par pensées, par paroles, par actions : c'est ma faute, c'est ma faute, c'est ma très grande faute. C'est pourquoi je prie la bienheureuse Vierge Marie, toujours vierge, saint Michel Archange, saint Jean-Baptiste, les saints apôtres Pierre et Paul, tous les saints, et vous, mon père, de prier pour moi le seigneur notre Dieu.

Que le Dieu Tout-Puissant nous fasse miséricorde, et qu'après nous avoir pardonné nos péchés, il nous conduise à la vie éternelle. *Ainsi soit-il.*

Acte d'offrande.

Mon Dieu, voilà ce cœur qui, par votre grâce, a conçu de saintes résolutions : je vous les présente afin que vous les bénissiez et que je les accomplisse pour votre plus grande gloire. Faites-moi la grâce de connaître votre sainte volonté, et disposez entièrement de la mienne. Je vous offre mes pensées, mes paroles et mes actions. Oui mon Sauveur, je proteste d'employer tout ce que je puis à votre service : tout est à vous, tout vient de vous, et je mets tout sous votre sainte et adorable Providence ; je vous demande seulement votre amour, et la grâce de plutôt mourir que de vous offenser mortellement.

Oraison à la Sainte-Vierge.

Très Sainte-Vierge, priez, s'il vous plaît, Notre-Seigneur Jésus-Christ pour moi, afin que toutes mes pensées, mes paroles et mes actions de ce jour et de toute ma vie lui soient agréables.

Oraison à son bon Ange.

Mon bon Ange, continuez, s'il vous plaît, vos charitables soins ; inspirez-moi la volonté de Dieu en toutes les œuvres de cette journée, et conduisez-moi dans le sentier qui mène à la vie éternelle.

Les Commandements de Dieu.

1. Un seul Dieu tu adoreras
   Et aimeras parfaitement.
2. Dieu en vain tu ne jureras
   Ni autre chose pareillement.
3. Les Dimanches tu garderas,
   En servant Dieu dévotement.
4. Tes père et mère honoreras,
   Afin que tu vives longuement.
5. Homicide point ne seras,
   De fait, ni volontairement.
6. Luxurieux point ne seras,
   De corps ni de consentement.
7. Le bien d'autrui tu ne prendras
   Ni retiendras à ton escient.
8. Faux témoignage ne diras,
   Ni mentiras aucunement.
9. L'œuvre de chair ne désireras
   Qu'en mariage seulement.
10. Biens d'autrui ne convoiteras
    Pour les avoir injustement.

Les Commandements de l'Église.

1. Les fêtes tu sanctifieras,
   Qui te sont de commandement.
2. Les dimanches messe ouïras
   Et les fêtes pareillement.

3. Tous tes péchés confesseras
   A tout le moins une fois l'an.
4. Ton créateur tu recevras
   Au moins à Pâques humblement.
5. Quatre-Temps Vigiles jeûneras,
   Et le carême entièrement.
6. Vendredi chair ne mangeras
   Ni le samedi mêmement.

PETIT ABRÉGÉ DE MORALE.

De la Religion.

Le premier bien de l'homme, c'est la vie; son premier devoir, c'est la reconnaissance envers l'auteur de ce bienfait.

Si les hommes ne peuvent arracher de leur cœur le sentiment de la divinité, il est bien étonnant qu'il puisse s'en trouver qui aient la criminelle audace de jeter un ridicule sur les sentiments religieux; ces sentiments qui font de l'homme un être si noble. Le philosophe qui combat le monstre du fanatisme, en le rendant ridicule, rend un grand service à l'humanité; il ramène l'homme à la raison et à la divinité mais celui qui affecte de mépriser ce qu'il y a de plus sacré pour les hommes, est un être odieux, né pour le malheur du genre humain. Quel sujet donne donc tant de jactance à cet être faible? Que dirait-il si une fourmi s'avisait d'insulter l'homme? Ne rirait-il pas de l'orgueil pitoyable de cet insecte? Insensé! Qu'es-tu auprès de la Divinité? Qu'est-ce que l'univers même auprès de cette Divinité, qui le gouverne? Et qu'est-ce que la terre en comparaison de cet univers? Qu'es-tu, toi même, sur cette terre? Si tu es perdu dans cette immensité incompréhensible, il te convient bien de trouver ridicule celui qui a mis sa confiance dans l'Être qui est au-dessus de tout, et dont la volonté crée, anime et meut les mondes!

Du Culte.

L'homme de bien se plaît à entretenir dans sa famille les sentiments religieux dont son cœur est rempli: il sait qu'une religion éclairée est une source inépuisable de vertus, et il la place de bonne heure dans le cœur de ses enfants.

J'ai joui quelquefois du spectacle intéressant qu'offre l'intérieur de la maison du juste; j'ai vu l'ordre qui régnait dans son sein; l'époux sacrifiait tout à une probité sévère, l'épouse était douce, les enfants étaient dociles et aimables; tous étaient heureux.

L'hommage rendu le soir en commun à l'Être Suprême, rendait paisible le calme de la nuit; l'hommage rendu le matin jetait des charmes sur toute la durée du jour.

Des récompenses et des peines d'une autre vie.

Dieu est juste, et l'âme survit au corps ; c'est à son tribunal qu'il attend le méchant.

Pour me convaincre que Dieu me récompensera ou me punira, selon mes œuvres, je n'ai besoin que de remarquer la joie que me donne la vertu, et les remords que me laisse le crime. Pour me convaincre du contraire, prouvez-moi que cette joie n'est qu'une illusion, que ces remords ne sont que des chimères ; prouvez qu'il est égal pour moi de tendre la main à l'infortuné, ou de lui plonger un poignard dans le sein. Si mon cœur déteste le crime, pourquoi me rendrait-il coupable ? S'il me rend coupable, Dieu, qui est souverainement juste, pourrait-il se dispenser de le punir ? Quoi ! je verrai l'affreux Caligula jouir du prix qu'Aristide mérita par ses vertus ! L'anéantissement serait moins terrible que cette choquante dissonance.

Mais l'amour de la vertu et les remords du crime ne nous sont peut-être donnés que pour maintenir l'ordre dans le monde, et nous empêcher de nous entre-déchirer comme des bêtes féroces. — Vil sophiste ! si Dieu ne t'eût fait bon que pour être heureux sur la terre, t'eût-il donné le pouvoir d'être méchant ? Il t'a fait bon pour faire le bien, et t'a rendu capable de méchanceté pour mériter d'être vertueux.

C'est en vain qu'on veut s'abuser par des sophismes ; quand on rentre en soi-même, toutes les illusions s'évanouissent, et il ne nous reste que la conscience, qui ne nous flatte jamais ; qui nous fait aimer tout ce qui est bien, et haïr tout ce qui est mal ; souvent les préjugés contrefont sa voix, mais jamais ils ne l'étouffent. Si cet amour du bien et cette haine du mal est en nous, il serait bien étonnant qu'après nous avoir donné un si noble enthousiasme pour la vertu, il traitât le scélérat comme l'homme vertueux : non, il est impossible de croire une aussi grande absurdité.

L'être qui a établi un ordre si admirable, depuis l'univers entier jusqu'aux plus imperceptibles animalcules, ne peut avoir été inconséquent sur le reste. Aux yeux de tout homme sage, la vie n'est qu'une épreuve, une lice où l'homme combat pour le prix de la vertu. On ne peut raisonnablement avoir une autre croyance, quand on s'aperçoit qu'on a la liberté de faire le bien ou le mal, et qu'on est forcé d'estimer la vertu.

Des Funérailles.

Dans tous les pays, elles ont été un objet religieux, et c'est naturellement une suite de l'immortalité de l'âme. Ceux qui ont regardé le respect que l'on a pour un corps privé de vie comme un préjugé, ont pu avoir raison; mais jamais je ne penserai comme eux. Quand on me prouvera qu'un bon fils peut voir avec la même indifférence le corps de son père abandonné aux bêtes carnassières, ou soigneusement inhumé, je serai de leur avis. Un corps privé de vie rappelle toujours qu'une âme raisonnable y a fait sa demeure. Faut-il donc avoir des préjugés pour respecter l'enveloppe mortelle d'une essence immortelle!

La Paresse.

La paresse est le plus grand défaut qu'on puisse avoir. La paresse nous porte à tous les excès: elle nous rend l'ennemi de nous mêmes, et finit tellement par nous abrutir, que les bêtes de somme sont plus estimées que les personnes entachées de ce défaut; en un mot, la paresse est la rouille de l'esprit et la mère de tous les vices.

Le Travail.

Quelle différence du travail à la paresse! le

travail est la source de toute prospérité : c'est par son travail que le père de famille procure à ses enfants les secours que nécessitent leurs besoins journaliers ; c'est par son travail qu'il se trouve à même de payer à son gouvernement les impôts nécessaires pour salarier les défenseurs de la patrie et ses différents employés ; c'est aussi par lui qu'il laisse à sa famille, au moment où il s'en sépare pour toujours, le souvenir que sa vie n'a pas été celle de l'homme oisif ; aussi, combien ses derniers moments doivent lui être doux : il a la certitude qu'après sa mort sa mémoire sera en vénération, et qu'elle n'éprouvera pas, comme celle du paresseux, le triste souvenir de son indifférence.

MORALE EN ACTION.

César Auguste venait de remporter une victoire célèbre. Du nombre des prisonniers était un certain Métellus, son plus cruel ennemi. César Auguste ne l'eut pas plus tôt reconnu, qu'il le condamna à mourir. Mais le fils de Métellus, qui s'était signalé dans la bataille que César avait remportée, courut se jeter dans les bras de son père, l'arrosa de ses larmes, et se tourna vers

César : « Seigneur, lui dit-il, mon père a été votre ennemi ; comme tel, il mérite la mort ; mais je vous ai servi fidèlement, et je mérite une récompense. Pour prix de mes services, accordez la vie à mon père, et faites-moi mourir à sa place. » César, vivement touché de ce discours, pardonna au père en faveur du fils.

—

Un homme avait un fils d'un caractère fort aimable ; il était doux, honnête, mais il fréquentait malheureusement des amis dont l'exemple et les discours auraient pu corrompre son cœur. Le père ne pouvait l'engager à fuir ces mauvaises compagnies. Que fait-il donc ? Un jour, pendant l'absence de son fils, il remplit un panier de belles oranges ; mais il eut soin d'y mettre deux ou trois qui étaient gâtées. Quand le jeune homme fut de retour, il lui remit ce panier entre les mains. — Qu'avez vous fait, mon père ? Il y a dans ce panier des fruits gâtés qui corrompront les autres. — Ne craignez-rien, mon fils, répond le père, les bons ne se gâteront pas ; au reste, essayons. — Aussitôt il prend le panier et le serre. Quelques jours après, l'enfant demande à voir les fruits, le père les lui donne ; mais, hélas ! il ne voit dans le panier qu'un amas de pourriture. — Eh bien ! mon père, dit-il, en murmurant, j'avais prévu ce malheur, mais vous n'aviez pas voulu me croire. — Alors le père lui dit tendrement : « Vous-même, mon fils, vous ne me croyiez pas losque je vous représentais que les mauvais amis que vous fréquentez gâteront votre cœur. Vous pleurez la perte de ces fruits, mais je serais bien plus affligé si j'avais à pleurer la perte de votre innocence. » L'enfant comprit le mystère, et le souvenir de cet accident lui fit renoncer pour toujours à la société des libertins.

HISTORIETTES.

L'AGNEAU.

La petite Fanchonnette, fille d'un pauvre paysan, était assise un matin au bord d'une grande route, tenant sur ses genoux une écuelle de lait dans laquelle elle trempait, pour son déjeûner, des mouillettes coupées dans un gros morceau de pain noir.

Dans le même temps, il passait sur le chemin un voiturier qui portait dans sa charrette une vingtaine d'agneaux vivants, qu'il allait vendre au marché. Ces pauvres animaux, entassés les uns sur les autres, les pieds garrottés et la tête pendante, remplissaient l'air de bêlements plaintifs, qui perçaient le cœur de Fanchonnette, et auxquels le voiturier ne prêtait qu'une oreille impitoyable. Lorsqu'il fut arrivé devant la petite paysanne, il jeta à ses pieds un agneau qu'il portait en travers sur son épaule. Tiens, mon enfant, dit-il, voici une maudite bête qui vient de mourir et de m'appauvrir d'un écu. Prends-là si tu veux pour en faire une fricassée.

Fanchonnette interrompit son déjeûner, posa son écuelle et son pain à terre, ramassa l'agneau, se mit à le regarder d'un air de pitié. Mais, dit-elle aussitôt, pourquoi te plaindrais-je ? Aujourd'hui ou demain on t'aurait passé un grand couteau dans le cou, au lieu que tu n'as plus à craindre de souffrir. Tandis qu'elle parlait ainsi, l'agneau, réchauffé par la chaleur de ses bras, ouvrit un peu les yeux, fit un léger mouvement, et poussa un *bée* languissant, comme s'il criait après sa mère.

Il serait difficile d'exprimer la joie que ressentit la petite fille. Elle enveloppe l'agneau dans son tablier, relève encore par dessus son cotillon de futaine, baisse son sein sur ses genoux pour le réchauffer davantage, et lui souffle de toute son haleine dans les narines, et sur le museau. Elle sentit la pauvre bête s'agiter peu à peu, et son propre cœur tressaillit à chacun de ses mouvements. Encouragée par ce premier succès, elle broie quelques miettes entre ses mains, les jette dans l'écuelle, puis, les ramassant du bout des doigts, elle parvient, avec assez de peine, à les lui faire glisser entre les dents, qu'il tenait étroitement serrées. L'agneau, qui ne mourait que de besoin, se sentit un peu fortifié par cette nourriture. Il commença à étendre ses jambes, à secouer sa tête, à frétiller de sa queue et à redresser ses oreilles. Bientôt il eut la force de se tenir sur ses pieds; puis il alla de lui-même boire dans l'écuelle le déjeûner de Fanchonnette, qui le voyait faire en souriant. Enfin, un quart-d'heure ne s'était pas encore écoulé, qu'il avait déjà fait mille cabrioles. Fanchonnette, transportée de joie, le prit entre ses bras, courut à sa maison, et le présenta à sa mère. Bébé, c'est ainsi qu'elle l'appelait, devint, dès ce moment, l'objet de tous ses soins. Elle partageait avec lui le peu de pain qu'on lui donnait pour ses repas; elle ne l'aurait pas troqué, lui tout seul, contre le plus grand troupeau du village. Bébé fut si reconnaissant de son amitié, qu'il ne la quittait jamais d'un seul pas ; il venait manger dans sa main et bondissait autour d'elle ; et, lorsqu'elle était quelquefois obligée de sortir sans lui, il poussait des bêlements les plus plaintifs. Dieu, qui voulait payer Fanchonnette de sa bonté, ne s'en tint pas à cette récompense : Bébé produisit de petits agneaux, qui en produisirent d'autres à leur tour ; en sorte que, peu d'années après, Fanchonnette eut un joli troupeau, qui nourrit de son lait toute la famille, et lui fournit de sa laine les meilleurs vêtements.

LE NID D'OISEAUX.

LA BONTÉ DOIT S'ÉTENDRE A TOUS LES ÊTRES VIVANTS

Pauline, Adèle et Lucie, en se promenant dans un bocage, aperçurent un nid d'oiseaux.

On devine aisément leurs transports de joie ; elles s'approchent d'un pas tremblant et timide ; elles écartent soigneusement les branches qui défendent l'entrée du nid ; elles s'en emparent et l'apportent à leur mère.

Qu'avez-vous fait, mes enfants, leur dit-elle, comment avez-vous pu troubler cet innocent ménage? Que je plains leur pauvre mère ! Elle est allée chercher de quoi les nourrir, quelles vont être ses inquiétudes et ses alarmes, lorsqu'elle sera de retour et qu'elle ne trouvera plus ses petits ! Elle ira de branche en branche, demander les objets de son amour : elle agitera ses ailes tremblantes ; elle ne fera plus retentir les airs que de sons lugubres ; elle mourra de douleur. Ah ! mes enfants, vous savez comme je vous aime : si je venais un jour à vous perdre, si vous étiez ravies à mes caresses, ne serais-je point accablée de désespoir ? Il en est de même de ces oiseaux.

Rendez-les aux caresses, aux soins de leur mère; remettez-les aux lieux mêmes où vous les avez pris, et laissez-les jouir en paix de cette liberté dont vous connaissez les charmes.

Les enfants coururent aussitôt remettre le nid sur le buisson où elles l'avaient pris, et se promirent bien de ne jamais troubler ces jolis ménages. Cette précieuse sensibilité les accoutuma à être humaines envers leurs semblables, et développa en elles le germe des vertus

---

FABLES CHOISIES.

Le Renard et la Cigogne.

Le Renard invita un jour la cigogne à dîner et ne lui servit que de la bouillie fort claire dans un plat. L'animal au long bec n'en put goûter et le drôle lapa tout dans un instant. La cigogne, pour se venger du tour que lui jouait le renard, l'invita à son tour, quelque temps après; elle lui servit un hachis de viande dans une bouteille dont le goulot était long et étroit. — Allons, compère, point de façons, dit la cigogne, faites, je vous prie, comme si vous étiez chez vous; et en même temps elle se mit à manger de bon appétit. Le renard, qui ne pouvait que lécher le dehors de la bouteille, se retira tout honteux et mourant de faim.

Attendez-vous à la pareille.

Une Femme et sa Poule.

Une certaine femme avait une poule qui lui pondait chaque jour un œuf. Elle s'imagina que, si elle nourrissait mieux sa poule, et l'engraissait davantage, elle lui pondrait tous les jours pour le moins deux ou trois œufs. Elle lui donna donc beaucoup plus de grain qu'à l'ordinaire, mais il arriva que la poule devint trop grasse et cessa entièrement de pondre.

Ceux qui veulent trop gagner se ruinent souvent par les fausses mesures qu'ils prennent pour s'enrichir.

Le Lion et le Rat.

Un lion dormait à l'ombre d'un arbre. Un rat monta étourdiment sur son corps, et le réveilla. Le lion l'ayant attrapé, le pauvre malheureux avoua d'abord son imprudence et lui demanda pardon. Le roi des animaux ne voulut point se déshonorer en le tuant, mais il lui donna la vie et le laissa aller. Ce bienfait ne fut point perdu. Quelque temps après, le lion tomba dans des filets, et, ne pouvant s'en débarrasser, il remplit la forêt de ses rugissements. Le rat accourut : reconnaissant son bienfaiteur, il se mit à ronger les mailles des filets, et délivra ainsi le lion.

Ne punissez pas une petite faute, quoique vous le puissiez ; votre clémence vous attachera celui à qui vous aurez pardonné.

La Cigale et la Fourmi.

La cigale ayant chanté
   Tout l'été,
Se trouva fort dépourvue
Quand la bise fut venue.
Pas un seul petit morceau
De mouche ou de vermisseau.
Elle alla crier famine
Chez la fourmi sa voisine,
La priant de lui prêter
Quelques grains pour subsister

Jusqu'à la saison nouvelle.
Je vous paierai, lui dit-elle,
Avant l'août, foi d'animal,
Intérêt et principal.
La fourmi n'est pas prêteuse.
C'est là son moindre défaut.
— Que faisiez-vous au temps chaud?
Dit-elle à cette emprunteuse.
— Nuit et jour, à tout venant,
Je chantais, ne vous déplaise.
— Vous chantiez? j'en suis fort aise;
Eh bien! dansez maintenant.

PRÉCIS

HISTORIQUE ET CHRONOLOGIQUE DES FAITS LES PLUS REMARQUABLES D'HAÏTI.

Haïti est le nom primitif de cette île. Elle fut ainsi appelée par les aborigènes ou naturels du pays, à cause des mornes et des bois qui la couvrent: Haïti signifie, en langue caraïbe terre boisée et montagneuse.

Christophe Colomb, jeune pilote italien, né à Gênes, en 1449, la découvrit à 10 heures du soir, à la lueur de la lumière d'une cabane de pêcheurs; un dimanche, 6 décembre 1492, il y mit pied à terre.

Cette île forme un continent de près de 175 lieues de long, de 32 dans sa moyenne largeur, et de 600 de circonférence, en y comprenant les circuits des anses. Christophe Colomb lui donna le nom d'*Hispaniola*, auquel les Français lui substituèrent celui de *Saint-Domingue*. On l'a aussi surnommée la *Reine des Antilles*, parce qu'elle est la plus riche, et, après Cuba, la plus grande de l'archipel américain. Elle était divisée en cinq gouvernements, dont la population s'élevait environ à trois millions. Les insulaires ou Caraïbes vaient le teint basané, les cheveux longs et noirs. Sobres, mais insouciants, ils vivaient entr'eux sans ambition et en bonne intelligence, préférant les douceurs du repos aux soucis cuisants de l'avarice, et aux soins d'exploiter des mines d'or qu'ils foulaient aux pieds, en regardant ce métal comme inutile au bonheur de l'existence.

Leurs plaisirs étaient la danse au son du tambour, la pêche, la chasse ; leur occupation, la culture simple et facile du maïs. Ils mangeaient en paix et sans envie, à la porte de leurs cabanes, un maïs boucané, en jouissant du calme de leur innocence.

Leurs caciques, ou chefs, jugeaient les différents qui survenaient entr'eux au sujet de la pêche, car c'était le seul motif de leurs altercations. Si le litige n'était point apaisé, les deux partis réunissaient leurs parents, leurs amis, et, armés de massues, de javelots et de flèches, qu'ils lançaient très adroitement, ils se mettaient en présence, et la victoire décidait du droit de chacun. Le vol était puni de mort, et regardé comme le vice le plus contraire à la société.

Telle était la simplicité de ces insulaires jusqu'à l'arrivée des Espagnols, qui, après les avoir démoralisés, leur firent la guerre et en exterminèrent entièrement la race.

Les premiers historiens d'Haïti rapportent à ce sujet une anecdote fort extraordinaire. Des indiens dignes de foi racontèrent à Christophe Colomb que le père du cacique Quarrionex, voulant pénétrer dans l'avenir et savoir la destinée de l'île après sa mort, consulta les *Zémès*, ou dieux du pays, après un jeûne préparatoire. L'oracle répondit, à son grand étonnement, que, dans peu, on verrait aborder des hommes nouveaux qui, ayant de grands poils au menton, auraient le corps vêtu des pieds à la tête ; qu'à leur arrivée les Zémès, mis en pièces, verraient leur culte aboli ; que ces guerriers formidables porteraient à leur ceinture de longues armes en fer, avec lesquelles, fendant un homme en deux, ils dépeupleraient le pays.

« On ajoute, disent les auteurs historiques, que cette prédiction frappa de terreur tous les assistants, et fut bientôt publique et universelle. C'était la nouvelle du jour, et elle faisait le sujet des chansons religieuses chantées les jours de deuil et dans les cérémonies lugubres. »

Les Espagnols, maîtres du pays, inventèrent, pour le repeupler, l'infâme trafic de la traite sur les côtes d'Afrique.

Cependant ils eurent à lutter contre une bande d'aventuriers anglais et français, sortis de l'île de St-Christophe, et qui s'était emparée de la côte du Nord de l'île ; cette association, connue d'abord sous le nom de *Boucaniers*, parce qu'après leur chasse ils s'occupaient à boucaner la chair des bœufs qu'ils avaient tués, fut nommée aussi *Flibustiers*, du mot anglais *Free Booter* ou *Forban*, c'est-à-dire tout homme qui ne fait la guerre que pour piller.

Deux siècles de troubles et de divisions s'écoulèrent dans des guerres cruelles, lorsqu'en 1776 les Espagnols, établis à l'est de l'île, et les Français à l'ouest et au sud, fixèrent les limites de leurs possessions respectives. Cette division dura jusqu'au traité de Bâle, du 24 juillet 1795, par lequel l'Espagne céda à la France la portion qu'elle retenait sous sa domination.

Une révolution, fomentée par les idées libérales, éclata en Europe et éclaira les différents peuples du globe. Les Indigènes de l'île d'Haïti, longtemps comprimés sous le joug des colons, se levèrent au cri de liberté, et réclamèrent leurs droits. Une lutte sanglante s'engagea entre eux et les Français, qui succombèrent et perdirent leur puissance sur cette île.

Haïti, respirant enfin, après de si longues agitations, proclama son indépendance le 1er janvier 1804.

Le général Dessalines, *libérateur d'Haïti*, qui avait été appelé par la reconnaissance nationale à la direction du pays, usurpa le titre *d'empereur*; ne voyant dès lors dans ses concitoyens que des esclaves, faits pour obéir à ses caprices, il imposa au peuple, le 20 mai 1805, une constitution par laquelle il s'attribua le pouvoir absolu : quelques généraux, sans aucun mandat du peuple, signèrent cet acte anti-social au nom de la nation. Mais le trône impérial fut aussitôt détruit qu'érigé ; la tyrannie de Dessalines porta le peuple à se soulever contre lui et à lui donner la mort, au Pont-Rouge, à l'entrée du Port-au-Prince, le 17 octobre 1806.

Les députés du peuple, réunis au Port-au-Prince en assemblée constituante, proclamèrent, le 27 décembre 1806, la constitution républicaine, qui consacre la souveraineté du peuple, et en délègue l'exercice à trois pouvoirs distincts : le *pouvoir législatif*, attribué à un sénat composé de 24 membres élus par le peuple; le pouvoir *exécutif*, confié à un président élu par le sénat, pour quatre années ; et le pouvoir *judiciaire*, confié à des juges inamovibles, nommés par le sénat. — Cette constitution protégeait tous es droits des citoyens, et la liberté de la presse comme le palladium des libertés publiques.

L'assemblée constituante, procédant à la première élection du pouvoir exécutif, proclama le général *Henry* Christophe, président d'Haïti. Christophe n'était pas sans mérite *dans l'art de la guerre*; son courage, son énergie avaient fortement contribué au triomphe de la révolution contre les oppresseurs des enfants d'Haïti; cependant son cœur était trop inaccessible aux sentiments d'humanité pour lui mériter les suffrages de la constituante. Mais déjà il aspirait au souverain pouvoir : il commandait le département du nord, il avait de grandes forces à sa disposition; il y avait peut-être tout à redouter de son bras despotique, en appelant un autre au timon de l'Etat; ou, peut-être, espérait-on qu'en assouvissant son ambition, le tableau de la leçon récente et terrible de la fin de Dessalines l'eût porté, pour mériter une réélection à la présidence, à amender ce qu'on pouvait justement reprocher à son naturel despote et inhumain.

Christophe, entouré de perfides conseillers, loin d'accepter la présidence, dégaîne son épée et marche contre l'assemblée constituante. Il commence la guerre civile par la bataille de Cybert et le siége du Port-au-Prince, le 1er janvier 1807, mais il est obligé de lever ce siège le 8 du même mois.

Le 2 mars de la même année, le général A. Pétion fut élu président d'Haïti, pour quatre années. Le sénat, ayant décrété la formation d'un corps de garde pour le président, élit, sur la présentation de Pétion, le chef d'escadron J.-P. Boyer (1) colonel, commandant ce corps et secrétaire du président.

En 1810, Pétion marchait déjà en dehors de la constitution, empiétant sur les attributions du sénat. Entre autres promotions qu'il fit, il éleva le colonel J.-P. Boyer au grade de général de brigade.

Le général Rigaud, vaincu par Toussaint-Louverture, avait été forcé de s'embarquer pour France le 29 juillet 1800, il revint en Haïti et débarqua aux Cayes, le 7 janvier 1810. Pétion l'accueillit avec beaucoup d'égards, et s'empressa de le confirmer dans son grade de général de division ; mais la reconnaissance, qui devait l'attacher à Pétion ne l'empêcha pas de méconnaître bientôt l'autorité de celui-ci ; il finit par prendre les armes, aux Cayes, en novembre de la même année, dans le but, disait-il, de réclamer des améliorations en faveur de la République.

Boyer fut expédié par Pétion à la tête d'une armée contre Rigaud, avec des instructions positives de s'arrêter et d'attendre Rigaud au carrefour de Miragoâne. Mais le désir de se couvrir de gloire et de se faire une brillante réputation, le porte à franchir la limite qui lui a été prescrite, en faisant marcher son armée sur les Cayes avec la rapidité de l'éclair. Déjà il atteint l'habitation Dufrété, dans la plaine d'Aquin, sans réfléchir qu'il a toute sa droite à découvert, et que les troupes de Nipes, sous les

---

(1) Jean Pierre Boyer avait été promu au grade de capitaine sous le gouvernement français, et servait en cette qualité pendant la guerre civile entre Toussaint-Louverture et Rigaud, en 1799. Pétion, alors général, commandant la 2e légion de l'ouest, l'avait employé près de lui en qualité de secrétaire, jusqu'à la mort de Dessalines, où il l'éleva au grade de chef d'escadron, attaché à son état-major.

ordres du général Bruny Leblanc, dévoué à Rigaud, pouvaient non seulement l'inquiéter, sur le flanc droit, mais encore agir sur ses derrières.

Pétion, informé de cette circonstance, envoie successivement et en toute diligence plusieurs aides-de-camp porter l'ordre à Boyer de se retirer en toute hâte jusqu'au pont de Miragoâne, de laisser là son armée et de se rendre en personne au Port-au-Prince, pour recevoir de nouveaux ordres : mais, prévoyant que la présomption irréfléchie de Boyer peut le porter à éluder cet ordre, il lui déclare positivement que ses aides-de-camp ont mission de passer l'ordre directement à chaque chef de corps pour opérer le mouvement rétrograde, s'il ne s'empresse de l'exécuter lui-même.

Boyer n'ayant plus d'alternative, est obligé d'y obéir. A peine a-t-il quitté la position de Dufrété, que Rigaud y arrive et le talonne jusqu'à l'habitation Chalon, dans la plaine de Miragoâne. De retour au Port-au-Prince, il fut fortement réprimandé par Pétion; mais il reçut la mercuriale avec hauteur, ne voulant pas convenir qu'il avait eu tort d'outrepasser ses instructions.

Pétion lui confia provisoirement le commandement de l'arrondissement du Port-au-Prince et se rendit en personne à la tête de l'armée, où il déclara à ses généraux et principaux officiers qu'il était convaincu que les troupes que Rigaud avait entraînées dans la révolte ne tarderaient pas à revenir de l'erreur; que tout son but ne tendait qu'à opposer une barrière au pont de Miragoâne, pour empêcher l'accroissement de l'insurrection du Sud; qu'il ne voulait aussi se tenir que sur la défensive, tant pour arrêter les progrès de l'insurrection de Gomand à la Grand'Anse, que les envahissements de Christophe du côté du nord; car, dit-il, *tous les Haïtiens doivent un jour se réunir et ne former qu'une seule famille, sous la bannière de la République.*

En effet, ayant obtenu un armistice, il eut un long entretien en personne avec Rigaud entre les deux armées ; par ses observations calmes et pleines de raison, il parvint à porter Rigaud à se tenir dans les limites de la partie du Sud. Tandis qu'à voix basse il parlait à Rigaud, celui-ci, la tête baissée et l'esprit agité, tenait de la main droite son épée nue, la pointe tournée contre terre, faisant semblant de tracer quelques figures ; tout=à-coup, les paroles de Pétion firent sur lui une telle impression, que, par un mouvement involontaire, il se perça lui même le pied droit : cette blessure ne paraissait pas alors dangereuse, cependant, malgré les soins de l'art, elle gangréna, et Rigaud mourut le 18 septembre 1811.

Le 9 mars 1811, Pétion, réélu par le sénat, pour quatre ans, avait promu Boyer au grade de général de division, commandant l'arrondissement du Port-au-Prince.

Le 2 juin de la même année, Christophe prend le titre de roi d'Haïti, et se fait couronner au Cap, sous le nom de Henry 1er.

Les prévisions de Pétion sur la réunion de la famille haïtienne ne tardèrent pas à recevoir un commencement d'accomplissement: Après la mort de Rigaud, son successeur, le général Borgella, fit sa soumission à Pétion, et la pacification du Sud s'opéra le 14 mars 1812.

Pétion, en partant pour les Cayes afin d'y rétablir l'autorité de la République, avait judicieusement prévu que Christophe n'aurait pas tardé à marcher contre le Port-au-Prince ; il avait eu la précaution de laisser au général Boyer et au général Bazelais des instructions collectives sur les moyens à employer pour repousser le tyran du nord, mais il leur prescrivait de tenir conseil et de délibérer sur tout ce qu'ils devraient faire, sur l'avis des généraux Bergerac, Trichet, Métellus, Gédéon et Frédéric.

Pétion était à peine arrivé aux Cayes que l'armée de Christophe fut découverte, marchant en deux colonnes sur le Port-au-Prince : la droite par l'Arcahaie, commandée par Christophe en personne ; et la gauche, par le Mirebalais, commandée par le général Magny.

Boyer convoqua le conseil, mais il voulut que son opinion seule prévalût. Enfin il fut arrêté que Métellus et Bergerac prendraient possession du fort Cybert, et éten-

2.

draient la ligne à droite, jusqu'à Santo, et à gauche jusqu'à la mer; que Gédéon et Bazelais se tiendraient à Santo, Frédéric à la Croix-des-Bouquets, et que lui, Boyer, commanderait la colonne de réserve et ferait son quartier général entre Santo et Latan.

Métellus et Bergerac se placèrent donc au petit fort Cybert, avec une garnison quadruple de celle qu'il fallait pour la défense, mais ils laissèrent leur droite et leur gauche sans aucune fortification. Bazelais, peut satisfait de se voir, malgré son ancienneté et sa qualité de chef de l'état-major général, sous les ordres de Boyer, se retira au Port-au-Prince avec une petite portion de troupes.

Dès la première attaque de l'avant-garde de Magny, Frédéric se retira avec la 12e demi-brigade, sans tirer un coup de fusil, de la Croix-des-Bouquets à l'habitation Jumécourt, prêt à gagner la montagne de Cadet, ce qu'il fit plus tard.

La colonne de Magny, ne trouvant aucun obstacle, descendit librement le morne Diable, et vint se mettre en bataille dans la savanne de Blond, entre Santo et la Croix-des-Bouquets. Déjà une division de cette colonne est à Cybert et commence à se gabionner avec les dispositions de faire agir l'artillerie contre le fort.

Boyer, instruit de ces mouvements, sans s'enquérir de la position de Frédéric, ni de celle de Bazelais (il croyait sans doute que tout était disposé comme il l'avait réglé), ordonne à Gédéon de marcher en diligence avec la brigade sous ses ordres, composée des 3e et 8e régiments, forte de 500 hommes; fait défiler au pas de charge le bataillon des grenadiers de la garde, fort de 400 hommes; vole lui-même à la tête des chasseurs à cheval de la garde, forts de 200 hommes, commandés par le brave colonel Per, ayant pour chefs d'escadron les intrépides Jeanty Cantave et Kayer Larivière.

Arrivé en face de l'ennemi avec son armée de 1,100 hommes, il met pied à terre, dégaîne son épée et attaque avec tant d'impétuosité l'armée de Magny, forte de 14,000 hommes, qu'il met aussitôt en déroute la première brigade et lui enlève plusieurs drapeaux. Sans perdre du tems il fait charger la cavalerie, et la déroute est complète.

L'armée républicaine est victorieuse, la cavalerie poursuit encore avec acharnement les vaincus, le champ de bataille est couvert de poussière et de fumée ; l'artillerie légère, animée de trop d'intrépidité, tire un coup de canon qui emporte deux pelotons des chasseurs avec le valeureux chef d'escadron Cantave. Ce malheureux évènement jette aussitôt la confusion dans l'armée, et Boyer eut beaucoup de peine à arrêter la débandade.

Mais Magny reçoit dans le moment un renfort de cavalerie supérieur en nombre aux chasseurs à cheval ; revenu de son étonnement aux prodiges de valeur de la cavalerie républicaine, il reprend sa position, y rétablit son armée, et prend l'offensive. Gédéon se retire avec sa brigade vers l'habitation Frère, mais Boyer reste ferme et soutient le feu avec la garde, jusqu'à ce qu'il ait perdu environ la moitié de sa force; la résistance lui devenant alors impossible, il se replie avec précipitation, par le chemin de Caseau, jusqu'à l'habitation Drouillard; de là il rentre au Port-au-Prince. La journée du 12 mars 1812 a coûté à l'armée de Boyer 300 hommes, tués et blessés.

Métellus, à Cybert, pouvait aisément évacuer dans la nuit et rentrer en ville avec sa brigade, il pouvait facilement sauver même son artillerie, dont toutes les pièces étaient montées sur affût de bataille, ce qui aurait augmenté les faibles moyens de défense du Port-au-Prince ; mais il avait l'ordre de garder son poste jusqu'à l'arrivée de Pétion, qui venait d'être mandé des Cayes. Enveloppé par l'ennemi, il fut bientôt contraint de chercher son salut dans la fuite ; 1500 hommes de sa brigade ont péri, en abandonnant à l'ennemi une quantité considérables d'armes et de munitions, et lui-même, Métellus, y a perdu la vie.

Après la défaite de la petite troupe de Boyer, Christophe pouvait entrer au Port-au-Prince l'arme au bras, mais, voulant faire son entrée avec toute la pompe d'un triomphateur royal, il ordonna à Magny de ne point dépasser la savanne de Blond et d'y attendre ses ordres.

Pétion, arrivé au Port-au-Prince, fut vivement affligé de l'état déplorable où la ville se trouvait réduite, de la perte de Métellus et de tant de braves, avec des armes et des munitions, dont il était dépourvu ; mais sa fermeté ne l'abandonna point. Après avoir entendu le rapport de Bazelais et de Gédéon, il blâma fortement Boyer d'avoir tout disposé par lui-même au lieu de délibérer en conseil avant d'agir. Dès-lors il prit lui-même le commandement en chef de la place et la direction de l'armée, pour résister au siège que Christophe avait établi avec une force de 18,000 hommes bien disciplinés, bien armés, et bien approvisionnés.

C'est au courage, aux talents militaires de Pétion, à sa modération exemplaire. à sa profonde sagesse que la République dut son salut, malgré les trois mois que dura le siège du Port-au-Prince : car à cette armée formidable de Christophe, Pétion ne put jamais opposer plus de 2,400 hommes de garnison en ville, tant troupes de ligne que garde nationale. Son administration était entourée de mille entraves ! le trésor était vide, l'arsenal et le magasin de l'état manquaient de tout ; la plus forte ration d'un homme, c'était trois bananes ou demi-livre de pain *par vingt quatre heures !*.. Pétion faisait ramasser et il achetait à 6 centimes pièce les boulets tirés par l'ennemi ; aussi ne faisait-il tirer qu'un seul coup de canon par chaque douzaine de coups de l'ennemi.

Malgré l'extrême misère où se trouvaient le peuple et l'armée, Pétion était tellement aimé et vénéré que personne n'aurait pu concevoir la pensée de l'abandonner. Christophe, au contraire, comme un tigre altéré de sang, offrait chaque jour, chaque heure, aux regards attristés de l'humanité des actes de sa férocité, exercés tant contre les siens que contre les malheureux républicains que le sort de la guerre faisait tomber en son pouvoir : il venait de faire brûler vifs les blessés qu'il avait trouvés au fort Cybert, afin, disait-il, de leur faire expier le crime d'avoir pris les armes contre lui!... Ses excès de barbarie, et l'aménité de Pétion, ammenèrent bientôt la défection d'une partie de ses troupes : le général Magny, avec toute sa division, se soumit à Pétion, réunissant toutes ses forces, sortit contre Christophe, qu'il força à lever le siége et à abandonner un nombreux matériel; il poursuivit les débris de son armée jusqu'à l'Arcahaie (15 lieues du Port-au-Prince), Pétion, rentré au Port-au-Prince, rétablit Boyer dans le commandement de l'arrondissement.

Le 9 mars 1815, Pétion fut réélu par le sénat, pour quatre années.

Le 6 février 1816, le sénat proposa la révision de la constitution. Les députés, *élus par le peuple*, se réunirent au Grand-Goave le 1er mars, et procédèrent à cette révision, qui fut terminée le 6 juin, et de laquelle résultaient les modifications suivantes: *La présidence à vie*, substituée à la présidence temporaire; l'indemnité annuelle de 25,000 fr. accordée au président, portée à 40,000 fr.; l'extension des pouvoirs et des attributions du président; l'institution de la chambre des représentants, du tribunal de cassation, du grand-juge, du secrétaire-général; la responsabilité des actes du président attribuée au grand-juge et au secrétaire-d'état, etc., etc.

Le 9 octobre de la même année, Pétion fut élu président à vie.

Le 1er février 1817, les citoyens, réunis en assemblée communale, élirent leurs députés à la chambre, et le 21 avril s'opéra l'ouverture de la 1re session de la chambre des représentants.

Le 18 mars 1818, A. Pétion descendit dans la tombe, à l'âge de 48 ans, emportant les regrets de ses concitoyens.

Le 30 mars 1818, le sénat proclama le général J. P. Boyer président d'Haïti; le 31, on célébra les obsèques de Pétion, et le 1er avril, Boyer prêta, devant le sénat; le serment solennel à la nation de remplir fidèlement l'office de président d'Haïti, de maintenir de tout son pouvoir la constitution; de respecter ou de faire respecter les droits et l'indépendance du peuple haïtien. Il prononça en même temps un discours plein d'éloquence, par lequel il promit de marcher sur les traces de son prédécesseur, et de ne rien négliger pour la prospérité de la République.

Si le successeur de Pétion, trompé souvent par de faux rapports et cédant à son caractère altier, se montra quelquefois injuste envers quelques citoyens; si l'on peut lui reprocher amèrement et très amèrement d'avoir violé le droit sacré de la défense en faisant traduire des citoyens de classe civile devant des conseils militaires, et en faisant exécuter des condamnations au mépris des pourvois des condamnés (crimes politiques vraiment atroces), (1) ; si l'on peut, avec raison, lui reprocher d'avoir poussé l'économie jusqu'à l'avarice, même dans l'instruction publique et l'encouragement dû à l'industrie, aux arts et aux sciences; si en un mot l'ensemble de son administration n'est pas à l'abri de reproche, il mérite néanmoins, sous bien d'autres rapports, l'admiration de la postérité.

C'est sous son administration que s'est opérée la pacification de la Grand'Anse, le 18 février 1820 ; la pacification du nord, le 26 décembre, après la mort violente de Christophe, arrivée le 8 octobre de la même année ; l'accomplissement de la prédiction de son prédécesseur: *la réunion de tous les enfants d'Haïti sous la bannière de la République*, par la réunion de la partie de l'est, et l'abolition de l'esclavage qui souillait encore cette contrée, le 9 février 1822. C'est encore sous son administration qu'Haïti s'est émancipée au rang des nations civilisées, par l'ordonnance du roi de France, en date du 17 avril 1825, entérinée par le sénat le 11 juillet de la même année.

Enfin, son administration a donné le jour aux codes qui nous régissent, et à une foule de lois utiles.

Boyer, au timon de l'Etat, s'honorait d'une probité

---

(1) Aux termes de l'article 223 de la constitution de 1816, le rand-juge en était seul responsable.

exemplaire ; il était très bien intentionné envers son pays, mais malheureusement il prêtait trop souvent l'oreille à la flatterie, à la délation, à la calomnie ; et, lorsque lui-même, au jour du malheur, se trouva en proie à la plus atroce calomnie, c'est hors de ces nombreux favoris, qu'il trouva une ou deux voix assez courageuses pour oser s'élever en faveur de la vérité. Eh ! combien son âme ne dut-elle pas être déchirée d'avoir été accessible aux calomniateurs !....

Le 7 mai 1842, vers les cinq heures du soir, un tremblement de terre renversa de fond en comble, les villes du Cap-Haïtien, de Saint-Yague, du Port-de-Paix et des Gonaïves, plus de 10,000 personnes y périrent.

Haïti avait marché, et la nécessité de quelques améliorations dans les institutions se faisait sentir ; le peuple voulait la révision de la Constitution, la substitution du régime civil au régime militaire, Boyer commençait à vouloir y consentir, mais il allait lentement, sans doute pour opérer la transition sans commotion. La promulgation de la loi électorale préparait la révision de la Constitution ; les dispositions d'une nouvelle loi sur le conseil des notables démontraient un acheminement à l'administration communale ; enfin, de grandes modifications dans le système militaire se trouvaient dans la loi sur le recrutement et la circulaire du président sur les congés trimestriels à donner aux militaires.

En réfléchissant sur ces derniers actes, on devait concevoir les plus belles espérances de l'avenir, cependant c'est dans ce moment même que l'ambition et la cupidité trouvèrent plus d'appui dans la crédulité des masses : une conjuration se forme aux Cayes, des promesses fallacieuses, consignées dans un manifeste, font de nombreux prosélytes ; le commandant d'artillerie Rivière Hérard lève l'étendard de la révolte dans la plaine des Cayes, le 28 janvier 1843. Les troupes envoyées pour le soumettre se rangent sous sa bannière ; la défection gagne tout le sud et s'étend dans une grande partie de l'ouest.

La plupart de ceux que Boyer honorait de sa confiance

et qui naguère lui faisaient de grandes protestations de dévouement, étaient des principaux adhérents de la conjuration. Boyer, se voyant trahi de tout côté : « Les fils de cette trame, dit-il, *s'attachent à mon fauteuil !* » — Le 13 mars il déposa au sénat son abdication ainsi conçue :

« Citoyens Sénateurs, — Vingt-cinq années se sont écoulées depuis que j'ai été appelé à remplacer l'illustre fondateur de la République, que la mort venait d'enlever à la Patrie. Durant cette période de temps, des évènements mémorables se sont accomplis : dans toutes les circonstances, je me suis toujours efforcé de remplir les vues de l'immortel Pétion, que mieux que personne j'étais en position de connaître. Ainsi j'ai été assez heureux de voir successivement disparaître du sol et la guerre civile et les divisions de territoire, qui faisaient du peuple haïtien une nation sans force, sans unité ; j'ai pu ensuite voir reconnaître solennellement sa souveraineté nationale, garantie par des traités dont la foi publique prescrivait l'exécution.

» Les efforts de mon administration ont constamment tendu vers un système de sage économie des deniers publics : en ce moment la situation du trésor national offre la preuve de ma constante sollicitude : *environ un million de piastres* (1) y sont placées en réserve ; d'autres fonds sont, en outre, déposés à la caisse des dépôts et consignations, à Paris, pour le compte de la République.

» De récents événements, que je ne dois pas qualifier ici, ayant amené pour moi des déceptions auxquelles je ne devais pas m'attendre, je crois qu'il est de ma dignité, comme de mon devoir envers la patrie, de donner, dans cette circonstance, une preuve de mon entière abnégation personnelle, en abdiquant solennellement le pouvoir dont j'ai été revêtu.

» En me condamnant en outre à un ostracisme volontaire, je veux ôter toute chance à la guerre civile, tout prétexte à la malveillance. Je ne forme plus qu'un vœu : c'est qu'Haïti soit aussi heureuse que mon cœur l'a toujours désiré.

» BOYER »

Dans la soirée du même jour, il s'embarque avec une partie de sa famille, sur la corvette anglaise *Scylla*, et deux jours après il se rend à la Jamaïque.

Le 21 mars, le commandant Rivière, affublé de deux

---

(1) A la vérification de la caisse, on y trouva 1,200,000 piastres.

épaulettes de général de division, fait son entrée dictatoriale au Port-au-Prince, sous le titre de *chef d'exécution de la volonté et des résolutions du peuple souverain*. Alors il pouvait être noblement intentionné, mais bientôt, entouré d'une foule d'adulateurs, de délateurs et d'esprits volcanisés, il se livre aux excès d'un despotisme effréné : la constitution et toutes les lois protectrices sont renversées, plus de garantie pour les personnes ni pour les propriétés ; des hommes les plus respectables sont en butte à de basses vengeances, à des persécutions inouïes ; la fidélité est humiliée, la trahison, l'ingratitude, l'hypocrisie sont en vénération ; l'Etat est ruiné par la plus révoltante déprédation dans les finances, et avili par la prostitution des fonctions civiles et des grades militaires, l'administration est souillée de la corruption, du vandalisme et de l'impudeur.

Le 24 de mars, l'ex-président, après avoir abdiqué, était tranquillement sur la terre étrangère : cependant, c'est le 24 de mars, dans la nuit, qu'on a publié, *au nom du peuple souverain*, un prétendu acte de déchéance rendu contre lui par le chef d'exécution, qui le renvoie avec plusieurs fonctionnaires de son administration, devant *un jury national* pour être jugé ; et pour couvrir l'absurdité de cet acte, on ne recule pas même devant le crime de faux : on l'antidate du 10 mars !...

Le 4 avril, un gouvernement provisoire est installé au Port-au-Prince, qui s'appelait alors *Port-Républicain* ; mais Rivière, sous le titre de *président aux délibérations du gouvernement provisoire*, ne continue pas moins son autorité dictatoriale. Ce gouvernement, avec un conseil consultatif, s'arrogeant l'autorité législative, rend une foule d'inutiles, d'extravagants décrets, par lesquels il bouleverse le droit civil, spolie de leurs biens l'ex-président, sa famille et divers fonctionnaires de son administration ; rétablit une prétendue loi martiale, etc., etc.

Le 15 septembre, une assemblée constituante, dont les membres sont élus par les suffrages du peuple, s'installe au Port-au-Prince, et proclame, le 31 décembre 1843, une constitution qui établit la présidence temporaire, la création de la préfecture et de la municipalité, etc. Rivière Hérard, élu président d'Haïti, prête serment au sein de la constituante, de maintenir la constitution, le 14 janvier 1844. Mais Dumesle Hérard, son secrétaire d'Etat, son affidé, intrigaille bientôt contre cette constitution, et le porte à se parjurer.

Le 16 janvier, la partie orientale de l'île se détache et proclame la *république dominicaine*. Toutes les gardes nationales sont mobilisées, et Rivière part, le 11 mars, à la tête de l'armée contre la partie de l'est : tous les citoyens sont contraints de marcher, et les villes sont gardées par les troupes soldées. Alors, Rivière et Dumesle, comblant de plus en plus leurs attentats, renversent facilement et l'assemblée constituante et les municipalités, ordonnent aux membres de ces deux corps de marcher, comme soldats avec l'armée. Dumesle, sous le manteau de Rivière, prend la dictature.

Rivière, devant la ville d'Azua, devenu hautain et d'un abord très difficile, n'entend que les pernicieux conseils de Dumesle, ne voit que ses sicaires, auxquels un simple ordre suffisait pour immoler des citoyens, sans aucun jugement de condamnation, sans aucune formalité d'instruction.

De toutes parts des cris d'indignation se font entendre contre la violation de la constitution et l'atroce tyrannie du gouvernement. Le sud lève le bouclier du Camp-Périn ; le nord prend les armes, proclame le général Philippe Guerrier président de ce département, et le général Louis Pierrot général en chef des armées ; les citoyens de la capitale font la révolution du 3 mai, et adoptant le choix du département du nord, proclament Philippe Guerrier président d'Haïti.

Ce vétéran de la gloire haïtienne, acceptant la présidence, fait aussitôt un appel à l'union. A sa voix, le nord et le sud déposent les armes, et la fusion s'opère. Rivière et Dumesle, bannis du territoire d'Haïti, s'embarquent, le 1ᵉʳ juin, à bord de la corvette anglaise *Spartan*, et se réfugient à la Jamaïque.

Le gouvernement du 3 mai, installé, prononce la *suspension* de la constitution; le président, revêtu de la dictature, institue un conseil d'Etat, dont les membres sont à sa nomination et révocables à sa volonté. Le 5 mars 1845, le président reçoit, à St-Marc, le serment des conseillers.

Le 15 avril de la même année, Philippe Guerrier descend dans la tombe. Après avoir gouverné la République avec la plus grande modération, il laisse à l'admiration de la postérité l'exemple d'une administration des plus pacifiques.

Le lendemain, le conseil d'Etat proclame le général Louis Pierrot président d'Haïti, néanmoins l'administration marche toujours sous le régime dictatorial.

Le peuple, fatigué de cet état précaire, demande le rétablissement de ses institutions. Les soldats de la garnison de St-Marc, qui avait reçu l'ordre de marcher contre la partie de l'est, prennent les armes et appellent le général J. B. Riché à la présidence; les habitants du Port-au-Prince, adoptant ce choix, prononcent la déchéance de Pierrot, et proclament, le 1ᵉʳ mars 1846, le général J. B. Riché président d'Haïti. Le président prononce la remise en vigueur de la constitution de 1816, et le maintien des quatre secrétaires d'Etat créés par la constitution de 1843.

Le 14 novembre, le conseil d'Etat, alors sénat, décrète une nouvelle constitution, qui est promulguée par le président.

A la mort du président Riché, le 27 février 1847, le général Faustin Soulouque lui succède; la conduite honorable de ce nouveau président justifie déjà les suffrages qui l'ont placé à la tête de la République. Son avénement a rendu à la liberté tous les détenus politiques.

Domine salvum fac Præsidem nostrum, et exaudi nos in die quâ invocaverimus te.	Seigneur, conservez notre Président, et exaucez-nous le jour que nous vous aurons invoqué.
Gloria Patri et Filio, et Spiritui Sancto.	Gloire soit au Père, au Fils et au Saint-Esprit.
Sicut erat in principio, et nunc et semper, et in secula seculorum. *Amen.*	A présent, et après, comme dès le commencement, et dans les siècles des siècles. *Ainsi soit-il.*

COMPLIMENTS.

A un père, pour le jour de sa fête.

Cher papa, daigne agréer l'hommage de mon bouquet; c'est le pur don de l'innocence, c'est le symbole de la reconnaissance offert à la tendresse paternelle. Ces fleurs passeront, mais mon amour pour toi ne passera jamais.

Au même, pour le premier jour de l'an.

Je viens, cher papa, te renouveler, au commencement de l'année, mes sentiments de tendresse et de reconnaissance. Puisses-tu vivre encore de longues années pour m'aimer comme je t'aime, et pour m'entendre te le répéter chaque jour! Mes souhaits pour toi sont : amitié, santé et prospérité.

A une mère, pour le jour de sa fête.

Chère maman, toi dont les tendres soins ont veillé sur

mon enfance, permets à ton fils (ou à ta fille) de t'offrir, le jour de ta fête, ce bouquet de fleurs; doux tribut de la piété filiale, et reçois ce baiser, gage de mon amour et de ma reconnaissance,

A la même, pour le jour de l'an.

Les années, en se renouvelant, ne font qu'accroître ma tendresse pour toi. Je fais chaque jour des vœux au ciel pour ta santé, pour ton bonheur; et le mien sera toujours d'aimer maman, et de me rendre sans cesse digne de son amitié.

Au grand père ou à la grand'mère, pour le jour de sa fête.

Grand papa (ou grand'maman), le jour de ta fête est pour moi un jour d'allégresse, et je viens t'offrir des fleurs; c'est l'encens dont l'innocence fait hommage à la vertu. En récompense, donne-lui un baiser et ta bénédiction.

Aux mêmes, pour le jour de l'an.

Le renouvellement de l'année, grand papa (ou grand'maman), est pour moi l'occasion de vous renouveler mes sentiments d'amour et de reconnaissance pour vos bienfaits; et si vos ans se prolongent au gré de mes vœux, j'aurai encore longtemps à vous aimer.

A un oncle ou à une tante, pour le jour de sa fête.

Qu'il est doux pour moi d'offrir à un oncle chéri (ou à une tante chérie) quelques fleurs pour sa fête! J'y ajoute encore l'expression de mon amitié pour lui (ou pour elle), pour sa tendresse et ses bienfaits pour moi; un baiser, voilà ma seule récompense.

Aux mêmes, pour le premier jour de l'an.

Mon cher oncle (ou ma chère tante), je viens vous souhaiter santé et prospérité; si les prières de l'innocence sont exaucées, vous verrez encore bien des printemps. Conservez-moi toujours votre amitié, et pour gage donnez-moi encore aujourd'hui un doux baiser.

TABLEAU DES CHIFFRES.

ROMAINS.	ARABES.	DÉSIGNATIONS.
I.	1	Un.
II.	2	Deux.
III.	3	Trois.
IV.	4	Quatre.
V.	5	Cinq.
VI.	6	Six.
VII.	7	Sept.
VIII.	8	Huit.
IX.	9	Neuf.
X.	10	Dix.
XI.	11	Onze.
XII.	12	Douze.
XIII.	13	Treize.
XIV.	14	Quatorze.
XV.	15	Quinze.
XVI.	16	Seize.
XVII.	17	Dix-Sept.
XVIII.	18	Dix-huit.
XIX.	19	Dix-neuf.
XX.	20	Vingt.
XXX.	30	Trente.
XL.	40	Quarante.
L.	50	Cinquante.
LX.	60	Soixante.
LXX.	70	Soixant-dix.
LXXX.	80	Quatre-vingts.
XC.	90	Quatre-vingt-dix.
C.	100	Cent.
CC.	200	Deux cents.
CCC.	300	Trois cents.
CD.	400	Quatre cents.
D.	500	Cinq cents.
M.	1,000	Mille.

www.ingramcontent.com/pod-product-compliance
Lightning Source LLC
Chambersburg PA
CBHW060952050426
42453CB00009B/1155